AF216390

Impressum
Verlag: BABADADA GmbH, Nedderfeld 112 , 22529 Hamburg
Geschäftsführer / Verlagsleitung: Harald Hof
Druck: Books on Demand GmbH, In de Tarpen 42, 22848 Norderstedt

Imprint
Publisher: BABADADA GmbH, Nedderfeld 112 , 22529 Hamburg, Germany
Managing Director / Publishing direction: Harald Hof
Print: Books on Demand GmbH, In de Tarpen 42, 22848 Norderstedt, Germany

escola

škola

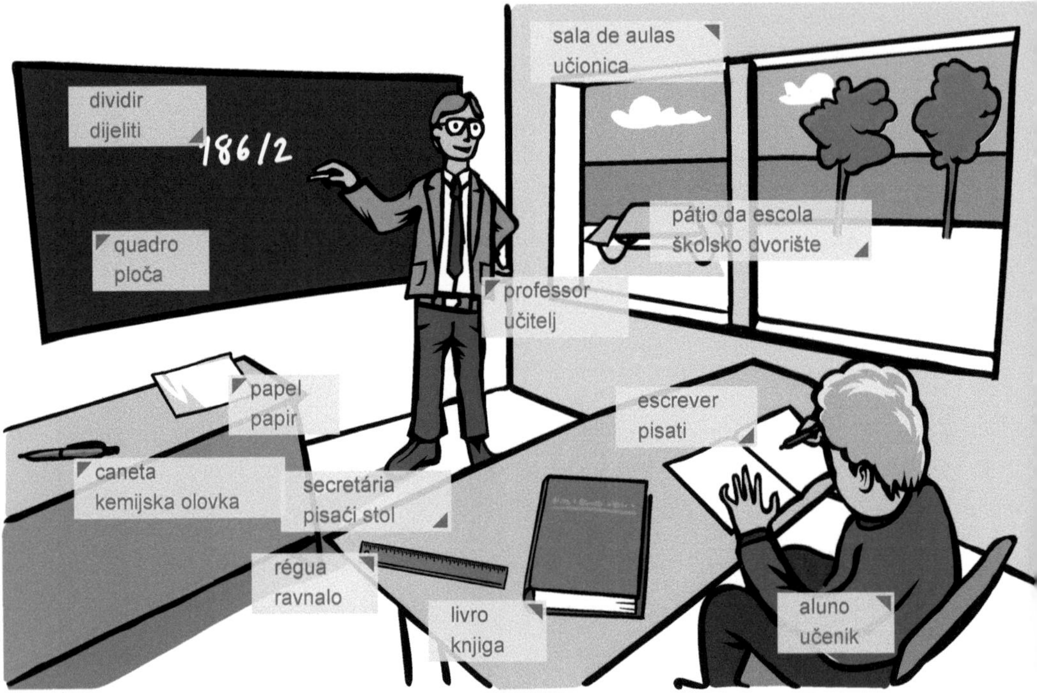
sala de aulas
učionica
dividir
dijeliti
186/2
quadro
ploča
pátio da escola
školsko dvorište
professor
učitelj
papel
papir
escrever
pisati
caneta
kemijska olovka
secretária
pisaći stol
régua
ravnalo
livro
knjiga
aluno
učenik

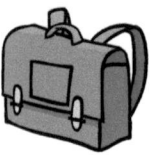

mochila

torba

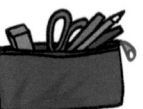

estojo de lápis

pernica

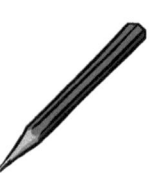

lápis

grafitna olovka

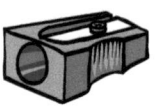

afia-lápis

šiljilo za olovke

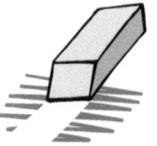

borracha

gumica za brisanje

bloco de desenho

blok za crtanje

desenho
crtež

pincel
kist

caixa de tintas
kutija s bojama

tesoura
makaze

cola
ljepilo

livro de exercícios
bilježnica

trabalhos de casa
domaći zadatak

número
broj

somar
sabirati

subtrair
oduzimati

multiplicar
množiti

calcular
računati

letra
slovo

alfabeto
abeceda

palavra
riječ

texto

tekst

ler

čitati

giz

kreda

hora

sat

registo de presenças

dnevnik

exame

ispit

certificado

svjedodžba

uniforme escolar

školska uniforma

educação

obrazovanje

enciclopédia

leksikon

universidade

sveučilište

microscópio

mikroskop

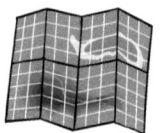

mapa

karta

cesto de lixo

košara za papir

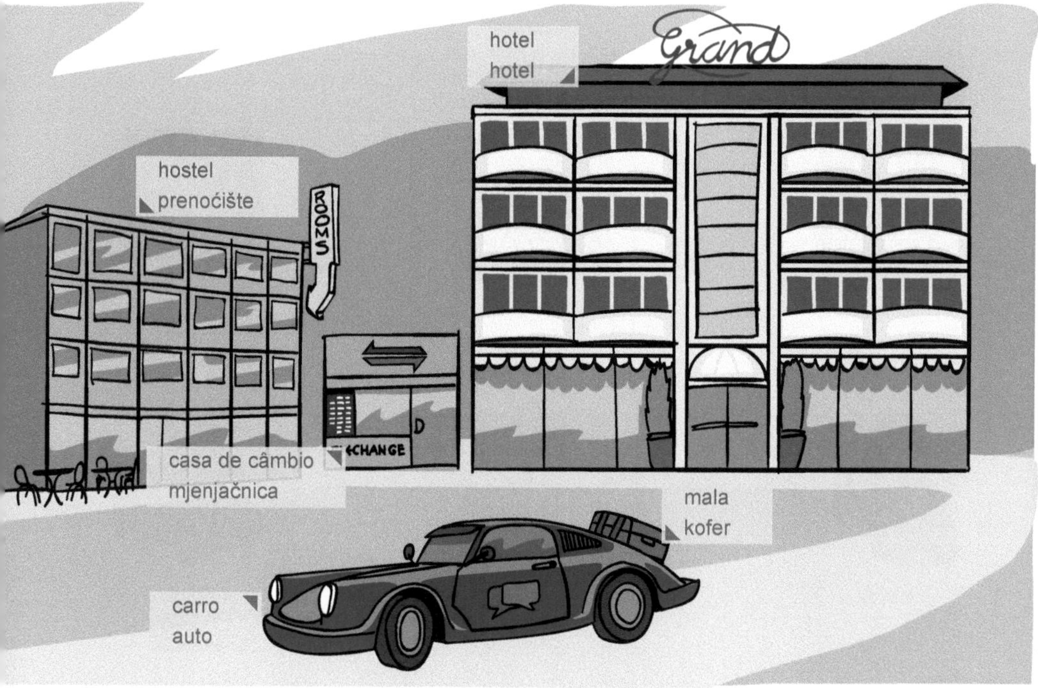

hotel
hotel
Grand
hostel
prenoćište
ROOMS
EXCHANGE
casa de câmbio
mjenjačnica
mala
kofer
carro
auto

idioma

jezik

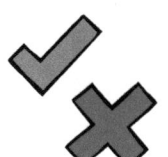

sim / não

da / ne

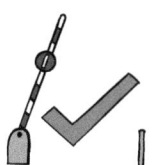

ok / certo / correto

okay

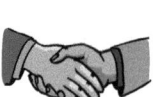

olá

zdravo

intérprete

prevoditelj

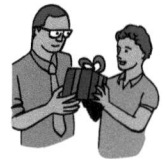

obrigado

hvala

quanto é que custa... ?

Koliko košta...?

não entendo

ne razumijem

problema

problem

boa noite!

dobro veče!

Bom dia!

Dobro jutro!

Boa noite!

Laku noć!

adeus

doviđenja

direção

smjer

bagagem

prtljaga

saco

torba

mochila

ruksak

convidado

gost

quarto

soba

saco-cama

vreća za spavanje

tenda

šator

informação turística

turističke informacije

praia

plaža

cartão de crédito

kreditna kartica

pequeno-almoço

doručak

almoço

ručak

jantar

večera

bilhete

karta za vožnju

elevador

dizalo

selo postal

poštanska markica

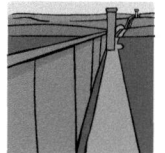

fronteira

granica

alfândega

carina

embaixada

ambasada

visto

viza

passaporte

putovnica

transporte
transport

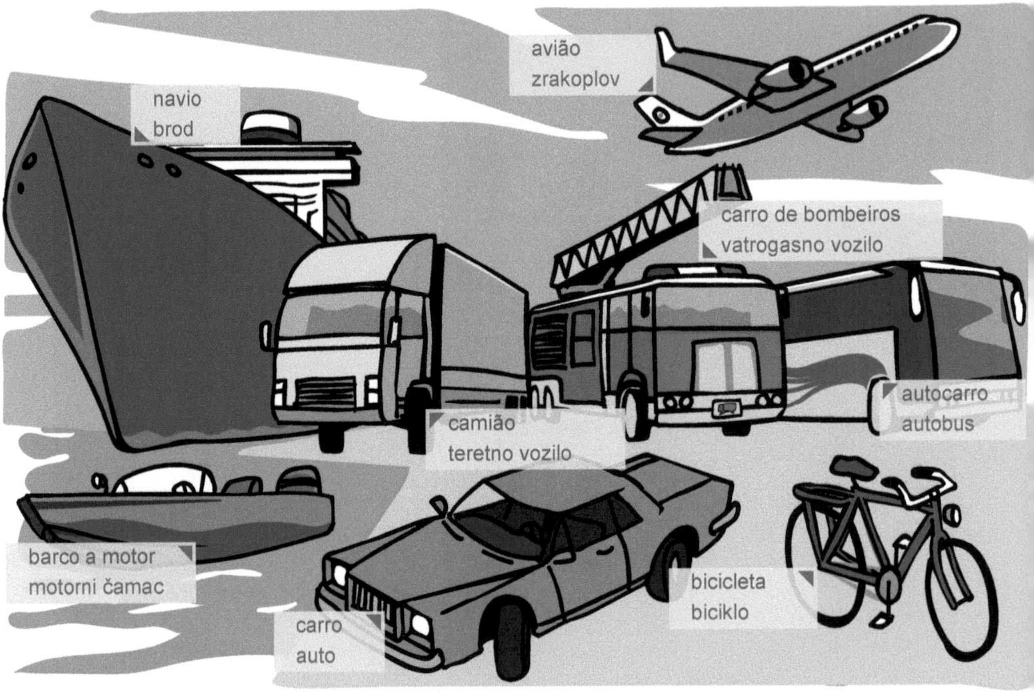
avião
zrakoplov
navio
brod
carro de bombeiros
vatrogasno vozilo
autocarro
autobus
camião
teretno vozilo
barco a motor
motorni čamac
bicicleta
biciklo
carro
auto

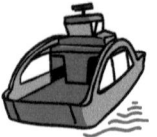

cacilheiro

trajekt

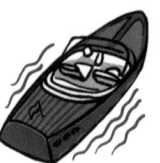

barco

čamac

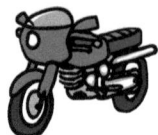

mota

motocikl

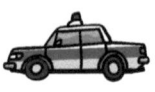

carro de polícia

policijski auto

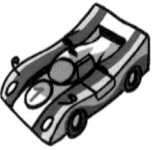

carro de corrida

trkaći auto

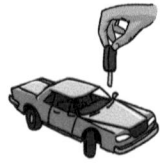

carro alugado

iznajmljeno auto

carsharing

dijeljenje automobila

camião de reboque

vučno vozilo

camião do lixo

vozilo za odvoz smeća

motor

motor

combustível

benzin

estação de serviço

benzinska postaja

sinal de trânsito

prometni znak

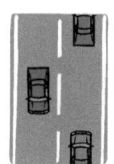

trânsito

promet

congestionamento de trânsito

zastoj

parque de estacionamento

parkiralište

estação ferroviária

kolodvor

carris

šine

comboio

vlak

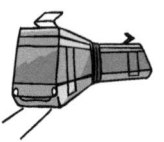

elétrico

tramvaj

carruagem

vagon

helicóptero

helikopter

aeroporto

zrakoplovna luka

torre

toranj

passageiro

putnik

contentor

kontejner

caixa de papelão

karton

carrinho

kolica

cesto

košara

levantar voo / aterrar

uzletjeti / sletjeti

cidade

grad

aldeia

selo

centro da cidade

centar grada

casa

kuća

cinema
kino

publicidade
reklama

poste de iluminação
ulična svjetiljka

CINEMA

rua
ulica

táxi
taksi

quiosque
kiosk

peão
pješak

passeio
nogostup

cruzamento
križanje

passadeira para peões
pješački prijelaz

caixote do lixo
kontejner za otpad

semáforo
semafor

cabana

koliba

apartamento

stan

estação ferroviária

kolodvor

câmara municipal

vijećnica

museu

muzej

escola

škola

cidade - grad

universidade

sveučilište

banco

banka

hospital

bolnica

hotel

hotel

farmácia

ljekarna

escritório

ured

livraria

knjižara

loja

prodavaonica

florista

cvjećara

supermercado

supermarket

mercado

trg

loja de departamentos

robna kuća

peixaria

ribarnica

centro comercial

trgovački centar

porto

luka

parque
park

banco
klupa

ponte
most

escadas
stepenice

metro
podzemna željeznica

túnel
tunel

paragem de autocarro
autobusna stanica

bar
bar

restaurante
restoran

caixa de correio
poštansko sanduče

sinal de trânsito
ulični znak

parquímetro
parkirni sat

jardim zoológico
zoološki vrt

piscina
bazen

mesquita
džamija

quinta

seosko gazdinstvo

poluição

zagađenje okoliša

cemitério

groblje

igreja

crkva

parque infantil

igralište

templo

hram

paisagem
krajolik

folha
list

placa de sinalização
putokaz

caminho
put

prado
livada

pedra
kamen

árvore
drvo

caminhantes
šetač

rio
rijeka

relva
trava

flor
cvijet

vale
....
dolina

montanha
....
planina

lago
....
jezero

floresta
....
šuma

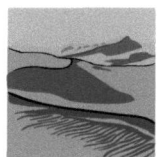

deserto
....
pustinja

vulcão
....
vulkan

castelo
....
dvorac

arco-íris
....
duga

cogumelo
....
gljiva

palma
....
palma

mosquito
....
moskito

mosca
....
muha

formiga
....
mrav

abelha
....
pčela

aranha
....
pauk

besouro

buba

sapo

žaba

esquilo

vjeverica

ouriço

jež

lebre

zec

coruja

sova

pássaro

ptica

cisne

labud

javali

divlja svinja

veado

jelen

alce

los

barragem

nasip

turbina eólica

vjetrenjača

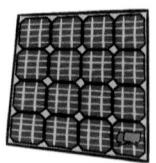

painel solar

solarna ploča

clima

klima

restaurante
restoran

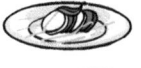

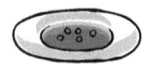

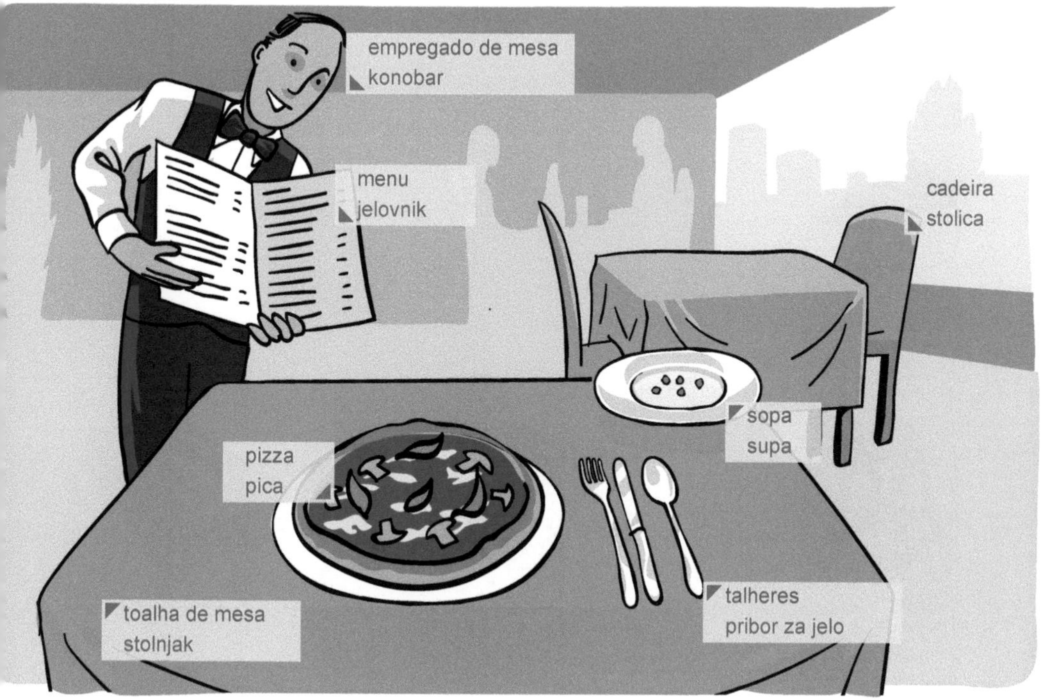

empregado de mesa
konobar
menu
jelovnik
cadeira
stolica
sopa
supa
pizza
pica
toalha de mesa
stolnjak
talheres
pribor za jelo

entrada
predjelo

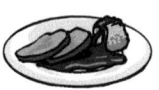

prato principal
glavno jelo

sobremesa
desert

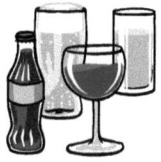

bebidas
napitci

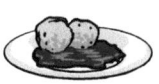

comida
jelo

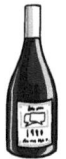

garrafa
boca

fast food
fastfood

comida de rua
imbis hrana

bule de chá
čajnik

açucareiro
doza za šećer

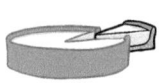

porção
porcija

máquina de café expresso
aparat za espresso

cadeira alta
visoka stolica

conta
račun

bandeja
pladanj

faca
nož

garfo
vilica

colher
žlica

colher de chá
čajna žlica

guardanapo
ubrus

copo
čaša

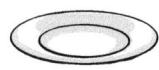

prato
....
tanjur

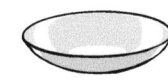

prato de sopa
....
tanjur za supu

pires
....
tanjurić

molho
....
sos

saleiro
....
soljenka

moinho de pimenta
....
mlin za biber

vinagre
....
ocat

óleo
....
ulje

especiarias
....
začini

ketchup
....
kečap

mostarda
....
senf

maionese
....
majoneza

supermercado
supermarket

oferta especial
ponuda
FOR
cliente
kupac
laticínios
mliječni proizvodi
fruta
voće
carrinho de compras
kolica za kupnju

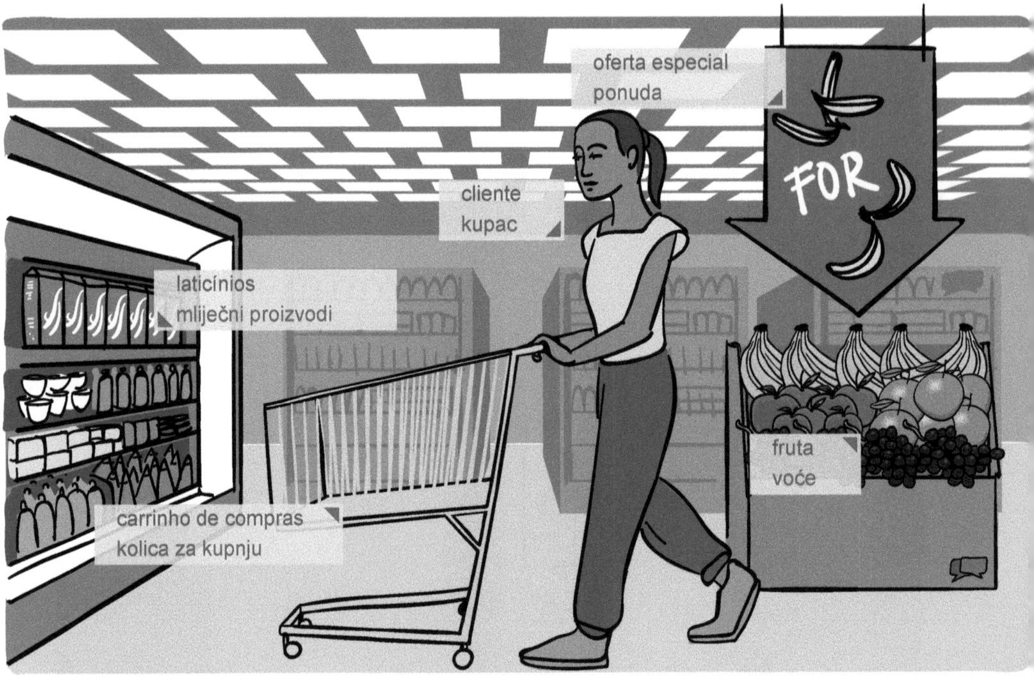

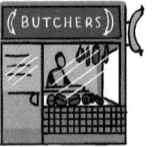

BUTCHERS

talho
mesnica

BAKERY

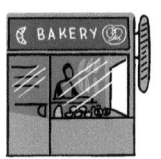

padaria
pekarnica

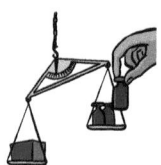

pesar
vagati

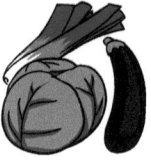

vegetais
povrće

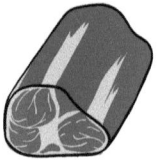

carne
meso

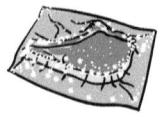

alimentos congelados
duboko smrznuta hrana

charcutaria

narezak

comida enlatada

konzerve

detergente em pó

sredstvo za pranje

doces

slatkiši

artigos domésticos

artikli za domaćinstvo

produtos de limpeza

sredstva za čišćenje

vendedora

prodavačica

caixa

blagajna

caixa

blagajnik

lista de compras

lista za kupnju

horário de funcionamento

vrijeme rada

carteira

novčanik

cartão de crédito

kreditna kartica

saco

torba

saco de plástico

plastična vrećica

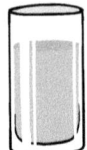

água
....
voda

sumo
....
sok

leite
....
mlijeko

coca-cola
....
cola

vinho
....
vino

cerveja
....
pivo

álcool
....
alkohol

cacau
....
kakao

chá
....
čaj

café
....
kava

café expresso
....
espresso

capuccino
....
cappuccino

banana

banana

maçã

jabuka

laranja

naranča

melão

lubenica

limão

limun

cenoura

mrkva

alho

češnjak

bambu

bambus

cebola

luk

cogumelo

gljiva

nozes

orašasti plodovi

talharim

rezanci

esparguete

špagete

arroz

riža

salada

salata

batatas fritas

pomfrit

batatas fritas

pečeni krumpir

pizza

pica

hambúrguer

hamburger

sanduíche

sendvič

bife panado

šnicla

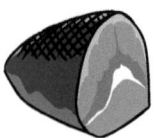

fiambre

pršut

salame

salama

salsicha

kobasica

galinha

kokoš

assado

pečenje

peixe

riba

flocos de aveia

zobene pahuljice

muesli

musli

flocos de milho

kukuruzne pahuljice

farinha

brašno

croissant

roščić

carcaça (pãozinho)

pecivo

pão

kruh

torrada

toast

biscoitos

keksi

manteiga

maslac

requeijão

svježi sir

bolo

kolač

ovo

jaje

ovo estrelado

jaje na oko

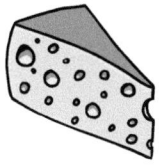

queijo

sir

gelado

sladoled

açúcar

šećer

mel

med

compota

marmelada

creme de nougat

nugat krema

caril

curry

quinta
seosko gazdinstvo

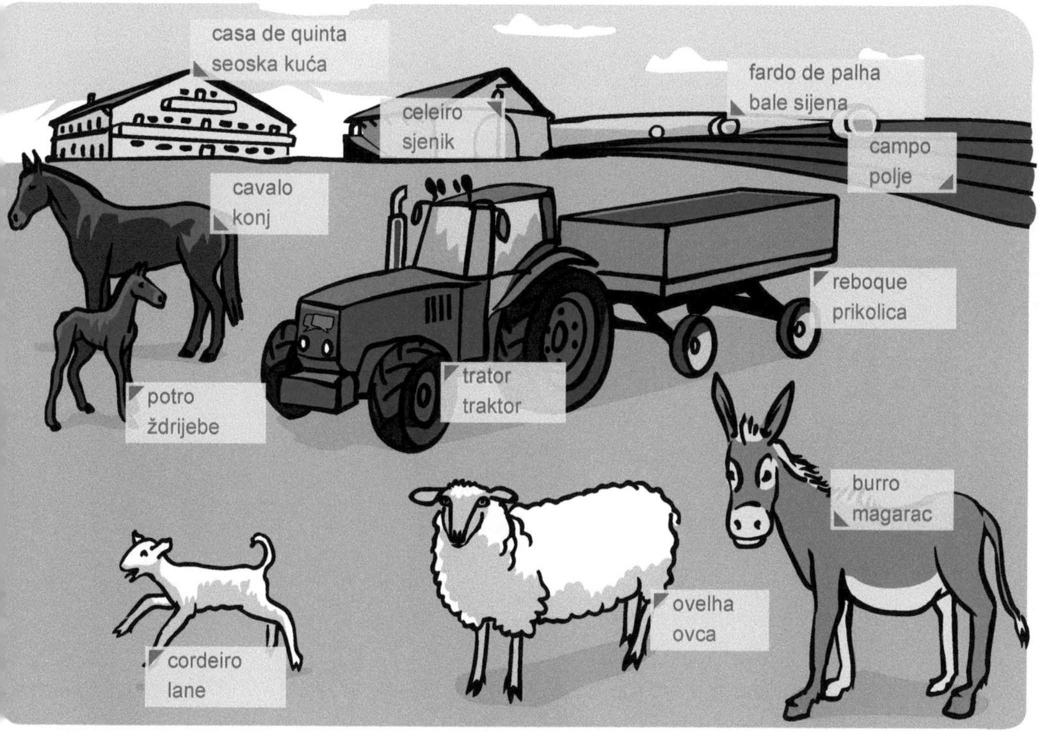
casa de quinta
seoska kuća
celeiro
sjenik
fardo de palha
bale sijena
campo
polje
cavalo
konj
reboque
prikolica
trator
traktor
potro
ždrijebe
burro
magarac
ovelha
ovca
cordeiro
lane

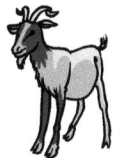

cabra
koza

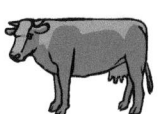

vaca
krava

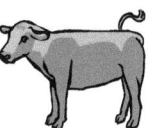

bezerro
tele

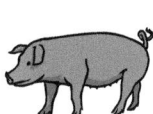

porco
svinja

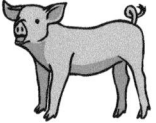

leitão
prase

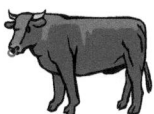

touro
bik

ganso
guska

pato
patka

pintaínho
pilići

galinha
kokoš

galo
pijetao

ratazana
pacov

gato
mačka

rato
miš

boi
vol

cão
pas

casota
kućica za psa

mangueira de jardim
vrtno crijevo

regador
kanta za polijevanje

foice
kosa

arado
plug

foice
srp

enxada
motika

forquilha
vilica za gnojivo

machado
sjekira

carrinho de mão
tačke

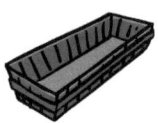

manjedoura
korito

jarro de leite
posuda za mlijeko

saco
vreća

cerca
ograda

estábulo
štala

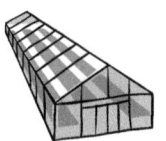

estufa
staklenik

solo
zemlja

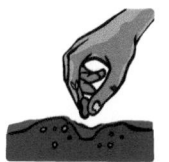

semente
sjeme

fertilizante
gnojivo

ceifeira-debulhadora
kombajn

colher

žanjati

colheita

žetva

inhame

yams začin

trigo

pšenica

soja

soja

batata

krumpir

milho

kukuruz

colza

uljana repica

árvore de fruto

voćka

mandioca

gomolj manioke

cereais

žitarice

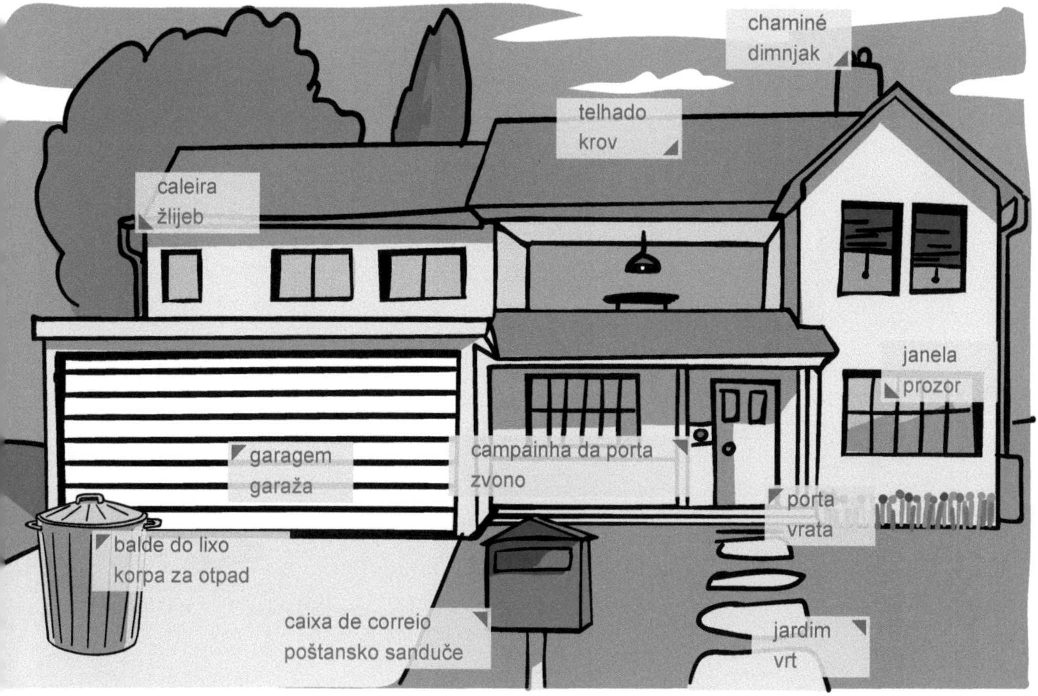

chaminé
dimnjak

telhado
krov

caleira
žlijeb

janela
prozor

garagem
garaža

campainha da porta
zvono

porta
vrata

balde do lixo
korpa za otpad

caixa de correio
poštansko sanduče

jardim
vrt

sala de estar

dnevna soba

casa de banho

kupaonica

cozinha

kuhinja

quarto de dormir

spavaća soba

quarto de criança

dječija soba

sala de jantar

trpezarija

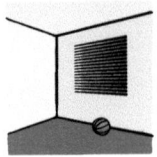

chão
pod

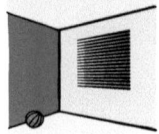

parede
zid

teto
strop

cave
podrum

sauna
sauna

varanda
balkon

terraço
terasa

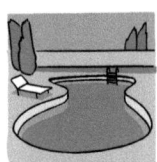

piscina
bazen

máquina de cortar relvado
kosilica za travu

lençol
posteljina za krevet

cobertor
deka za krevet

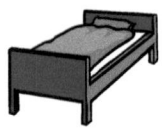

cama
krevet

vassoura
metla

balde
kanta

interruptor
sklopka

sala de estar
dnevna soba

papel de parede
tapeta
imagem
slika
lâmpada
svjetiljka
prateleira
regal
armário
ormar
televisão
televizija
lareira
kamin
flor
cvijet
almofada
jastuk
sofá
kauč
vaso
vaza
controlo remoto
daljinski upravljač

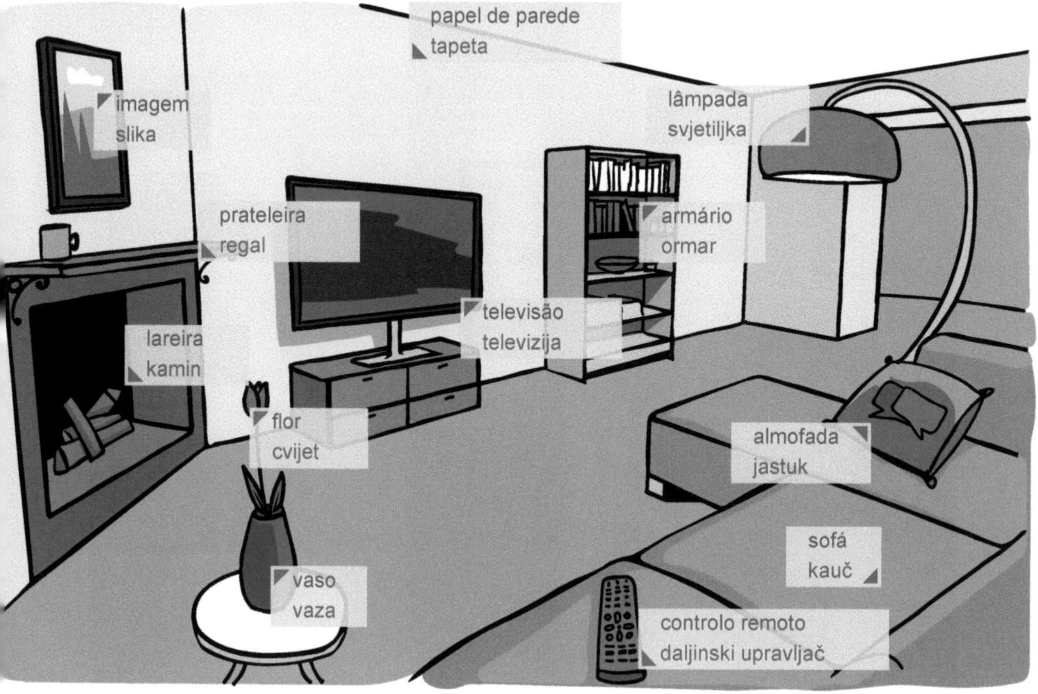

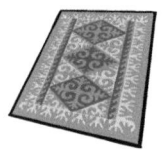

tapete

tepih

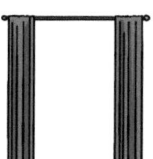

cortina

zavjesa

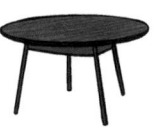

mesa

stol

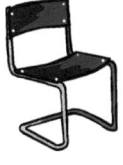

cadeira

stolica

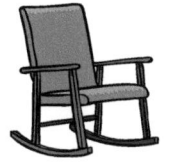

cadeira de baloiço

stolica za njihanje

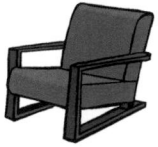

poltrona

fotelja

livro

knjiga

cobertor

deka

decoração

dekoracija

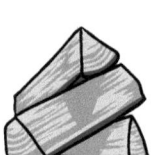

lenha

drvo za ogrjev

filme

film

sistema estéreo

stereo uređaj

chave

ključ

jornal

novine

pintura

slika na platnu

póster

poster

rádio

radio

bloco de notas

blok za pisanje

aspirador

usisavač

cato

kaktus

vela

svijeća

cozinha
kuhinja

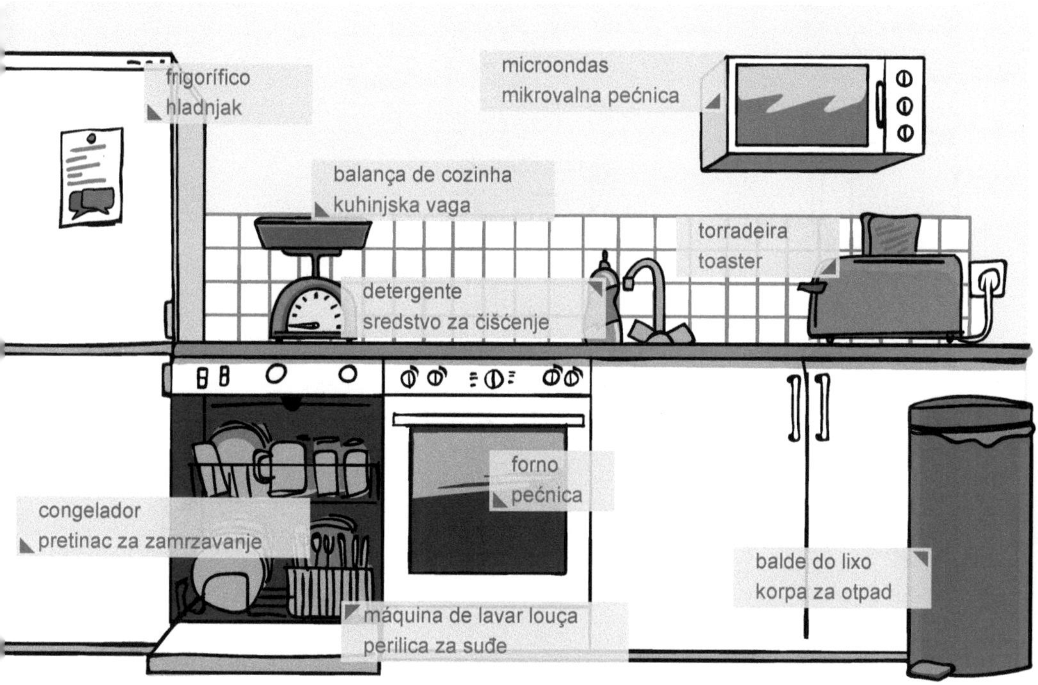

frigorífico
hladnjak
microondas
mikrovalna pećnica
balança de cozinha
kuhinjska vaga
torradeira
toaster
detergente
sredstvo za čišćenje
forno
pećnica
congelador
pretinac za zamrzavanje
balde do lixo
korpa za otpad
máquina de lavar louça
perilica za suđe

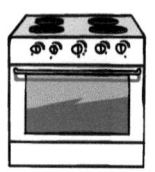

fogão
štednjak

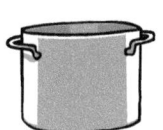

panela
lonac

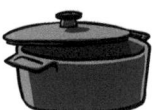

panela de ferro
željezni lonac

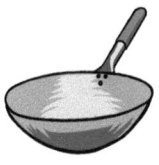

wok / kadai
wok / kadai

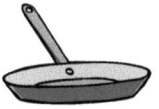

frigideira
tava

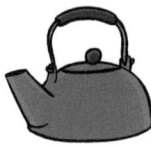

chaleira
kuhalo za vodu

panela a vapor

kuhalo na paru

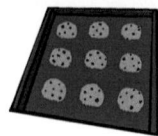

tabuleiro de forno

lim za pečenje

louça

posuđe

caneca

čaša

tigela

zdjela

pauzinhos

štapići za jelo

concha de sopa

kutljača

espátula

lopatica

batedor de claras

pjenjača

escorredor

sito za kuhanje

peneira

sito

ralador

ribež

almofariz

mužar

churrasqueira

roštilj

lareira

ognjište

tábua de cortar
daska

rolo da massa
oklagija

saca-rolhas
vadičep

lata
konzerva

abridor de latas
otvarač konzervi

luvas de forno
krpa za lonac

lava-loiça
sudoper

escova
četka

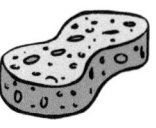

esponja
spužva

liquidificador
mikser

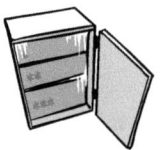

arca frigorífica
zamrzivač

biberão
bočica za bebe

torneira
slavina za vodu

casa de banho
kupaonica

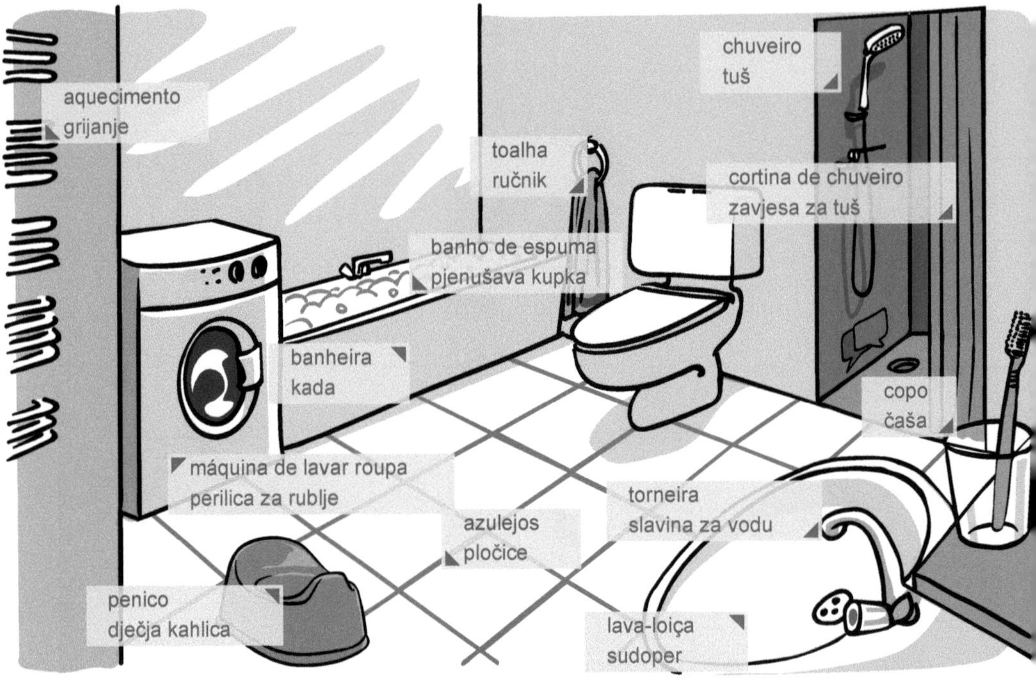

aquecimento
grijanje
toalha
ručnik
chuveiro
tuš
cortina de chuveiro
zavjesa za tuš
banho de espuma
pjenušava kupka
banheira
kada
copo
čaša
máquina de lavar roupa
perilica za rublje
torneira
slavina za vodu
azulejos
pločice
penico
dječja kahlica
lava-loiça
sudoper

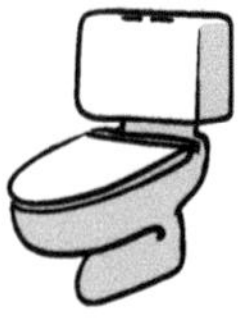

sanita
toalet

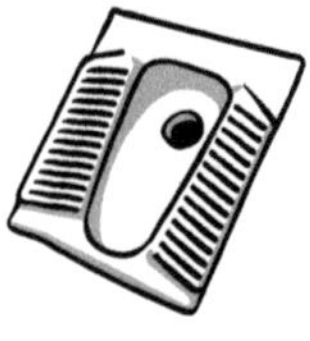

retrete turca
čučavac

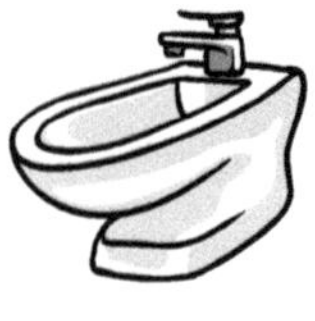

bidé
bidet

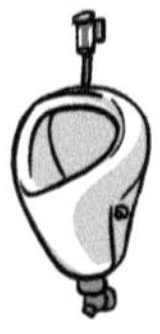

urinol
pisoar

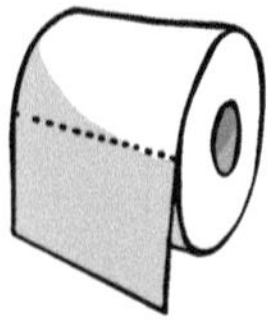

papel higiénico
papir za toalet

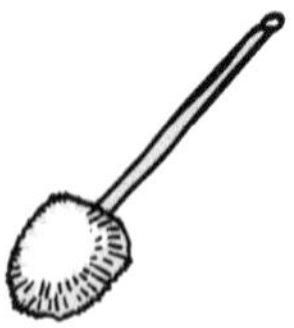

piaçaba
četka za toalet

escova de dentes

četkica za zube

pasta de dentes

pasta za zube

fio dentário

konac za zube

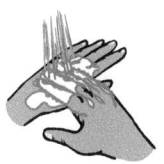

lavar

prati

chuveiro de mão

tuš ručica

duche íntimo

tuš za pranje intimnih dijelova

bacia

lavor

escova para as costas

četka za pranje leđa

sabonete

sapun

gel de banho

gel za tuširanje

champô

šampon

toalha de rosto

krpa za pranje

escoamento

odvod

creme

krema

desodorizante

dezodorans

espelho

ogledalo

espelho de mão

kozmetičko ogledalo

máquina de barbear

brijač

creme de barbear

pjena za brijanje

loção pós-barba

losion za poslije brijanja

pente

češalj

escova

četka

secador de cabelo

sušilo za kosu

spray de cabelo

sprej za kosu

maquilhagem

makeup

batom

ruž za usne

verniz de unhas

lak za nokte

algodão

vata

tesoura para unhas

škare za nokte

perfume

parfem

nécessaire

neseser

tamborete

stolica

balança

vaga

roupão de banho

ogrtač

luvas de borracha

rukavice za čišćenje

tampão

tampon

penso higiénico

uložak

WC químico

kemijski toalet

quarto de criança
dječija soba

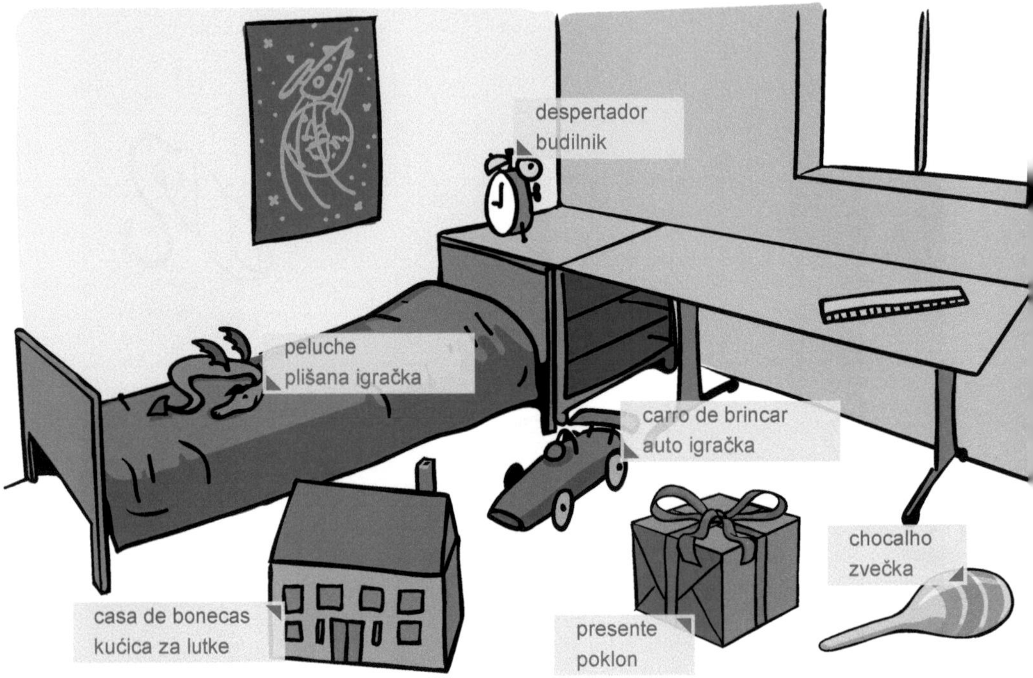
despertador
budilnik
peluche
plišana igračka
carro de brincar
auto igračka
chocalho
zvečka
casa de bonecas
kućica za lutke
presente
poklon

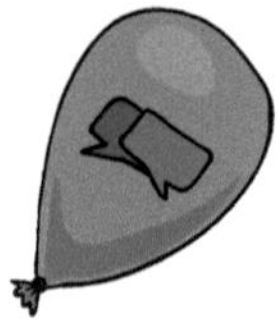

balão

balon

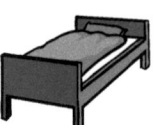

cama

krevet

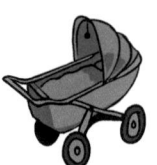

carrinho de bebé

dječija kolica

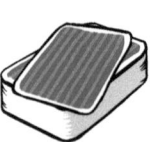

jogo de cartas

igra s kartama

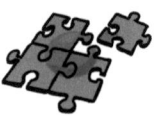

quebra-cabeças

slagalica

SUPER
MEGA

banda desenhada

strip

peças de Lego

lego kockice

blocos de construção

kockice za slaganje

figura de ação

akcioni junak

fato de bebé

kombinezon za bebe

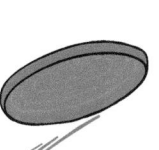

Frisbee

frizbi

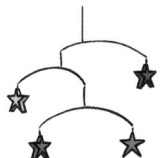

móbile para bebé

viseće igračke

jogo de tabuleiro

društvene igre

dados

kocka

pista de comboio elétrico

minijaturna željeznica

chupeta

duda

festa

tulum

livro ilustrado

slikovnica

bola

lopta

boneca

lutka

jogar

igrati

caixa de areia

pješčanik

baloiço

ljuljačka

brinquedos

igračka

consola de jogos

konzola za igre

triciclo

tricikl

ursinho de peluche

plišani medo

guarda-roupa

ormar

vestuário

odjeća

meias

kratke čarape

meias pelo joelho

čarape

meias-calças

hulahopke

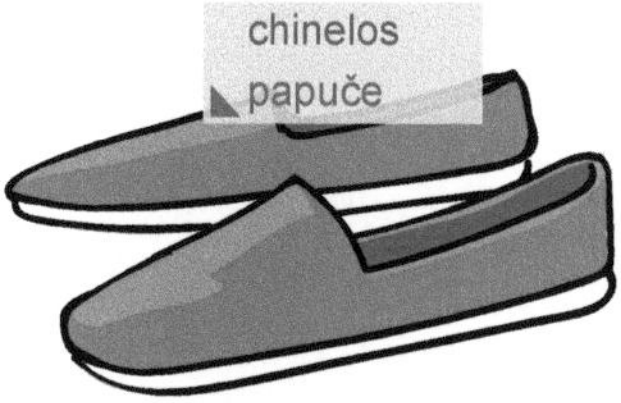

cachecol
šal

guarda-chuva
kišobran

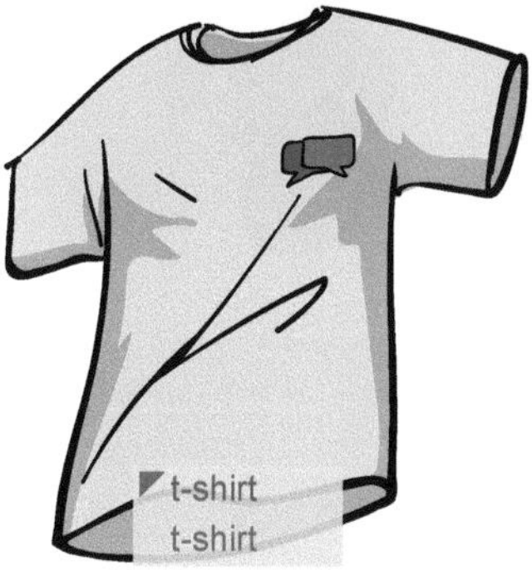

cinto
kaiš

t-shirt
t-shirt

sapatilhas
patike

botas
čizme

chinelos
papuče

sandálias

sandale

sapatos

cipele

botas de borracha

gumene čizme

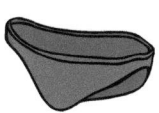

cuecas

gaćice

sutiã

grudnjak

camisola interior

potkošulja

body
bodi

calças
hlače

calças de ganga
džins

saia
haljina

blusa
bluza

camisa
košulja

pulôver
džemper

camisola com capuz
pulover s kapuljačom

blazer
blejzer

casaco
jakna

manto
kaput

gabardina
kabanica

traje
kostim

vestido
haljina

vestido de casamento
vjenčanica

fato
odijelo

camisa de dormir
spavaćica

pijama
pidžama

sari
sari

lenço de cabeça
rubac

turbante
turban

burca
burka

cafetã
kaftan

abaya
abaja

fato de banho
kupaći kostim

calções de banho
kupaće gaćice

calções
kratke hlače

fato de treino
odjeća za trening

avental
pregača

luvas
rukavice

botão

gumb

óculos

naočale

pulseira

narukvica

colar

ogrlica

anel

prsten

brinco

naušnica

boné

kapa

cabide

vješalica

chapéu

šešir

gravata

kravata

fecho de correr

patent zatvarač

capacete

kaciga

suspensórios

naramenice

uniforme escolar

školska uniforma

uniforme

uniforma

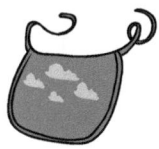

babete

podbradak

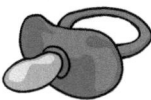

chupeta

duda

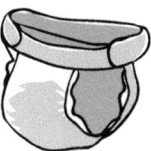

fralda

pelena

escritório

ured

servidor
server
armário de arquivo
ormar za spise
impressora
pisač
papel
papir
ecrã
monitor
rato
miš
secretária
pisaći stol
pasta
mapa
teclado
tipkovnica
cesto de lixo
košara za papir
computador
računar
cadeira
stolica

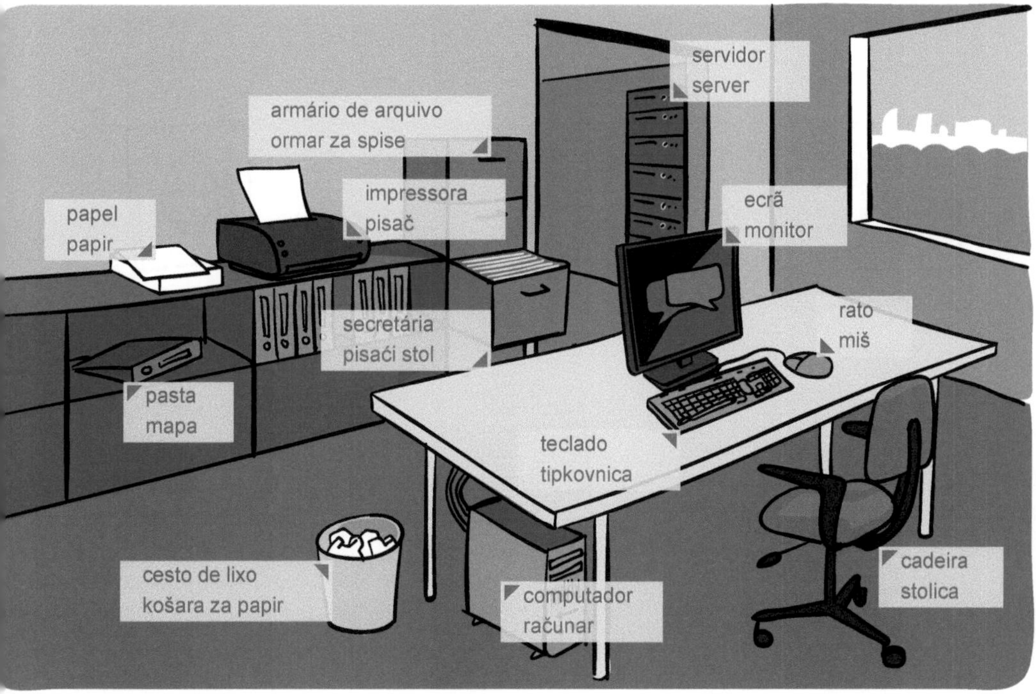

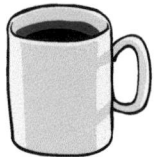

caneca de café

šalica za kavu

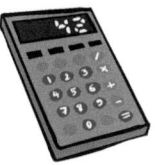

calculadora

kalkulator

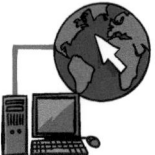

internet

internet

computador portátil

laptop

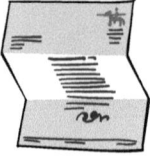

carta

pismo

mensagem

poruka

telemóvel

mobilni telefon

rede

mreža

fotocopiadora

uređaj za kopiranje

software

softver

telefone

telefon

tomada elétrica

utičnica

fax

faks

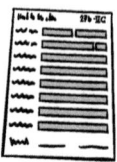

formulário

obrazac

documento

dokument

comprar

kupovati

pagar

platiti

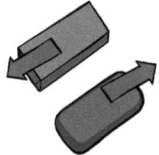

negociar

trgovati

dinheiro

novac

dólar

dolar

euro

euro

yen

jen

rublo

rubalj

franco suíço

švicarski franak

renminbi yuan

renmindbi yuan

rupia

rupija

caixa de multibanco

automat za novac

casa de câmbio
mjenjačnica

ouro
zlato

prata
srebro

petróleo
nafta

energia
energija

preço
cijena

contrato
ugovor

imposto
porez

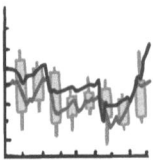

ação
dionica

trabalhar
raditi

empregado
službenik

entidade patronal
poslodavac

fábrica
tvornica

loja
prodavaonica

profissões
zanimanja

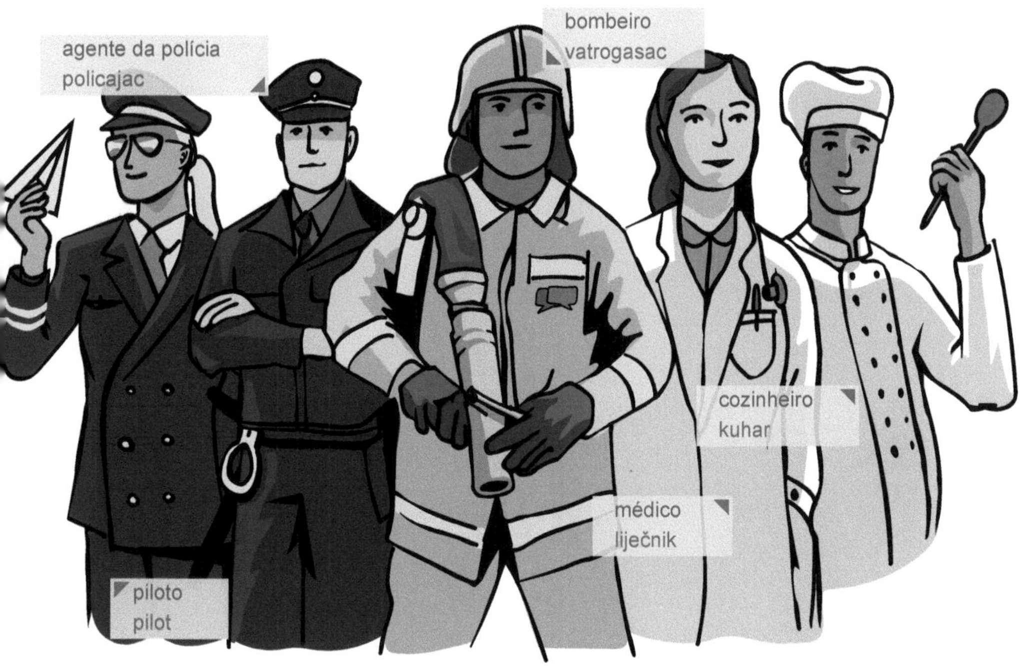
agente da polícia
policajac
bombeiro
vatrogasac
cozinheiro
kuhar
médico
liječnik
piloto
pilot

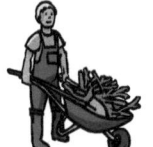

jardineiro
vrtlar

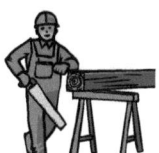

carpinteiro
stolar

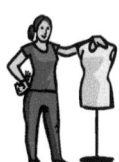

costureira
krojačica

juiz
sudija

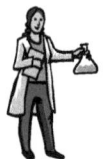

químico
kemičar

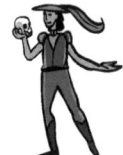

ator
glumac

motorista de autocarro

vozač autobusa

motorista de táxi

vozač taksija

pescador

ribar

empregada de limpeza

čistačica

telhador

krovopokrivač

empregado de mesa

konobar

caçador

lovac

pintor

slikar

padeiro

pekar

eletricista

električar

construtor

građevinski radnik

engenheiro

inženjer

talhante

mesar

canalizador

limar

carteiro

poštar

soldado

vojnik

arquiteto

arhitekta

caixa

blagajnik

florista

cvjećar

cabeleireiro

frizer

controlador de bilhetes

kondukter

mecânico

mehaničar

capitão

kapetan

dentista

zubar

cientista

znanstvenik

rabino

rabi

imã

imam

monge

monah

pastor

svećenik

ferramentas
alati

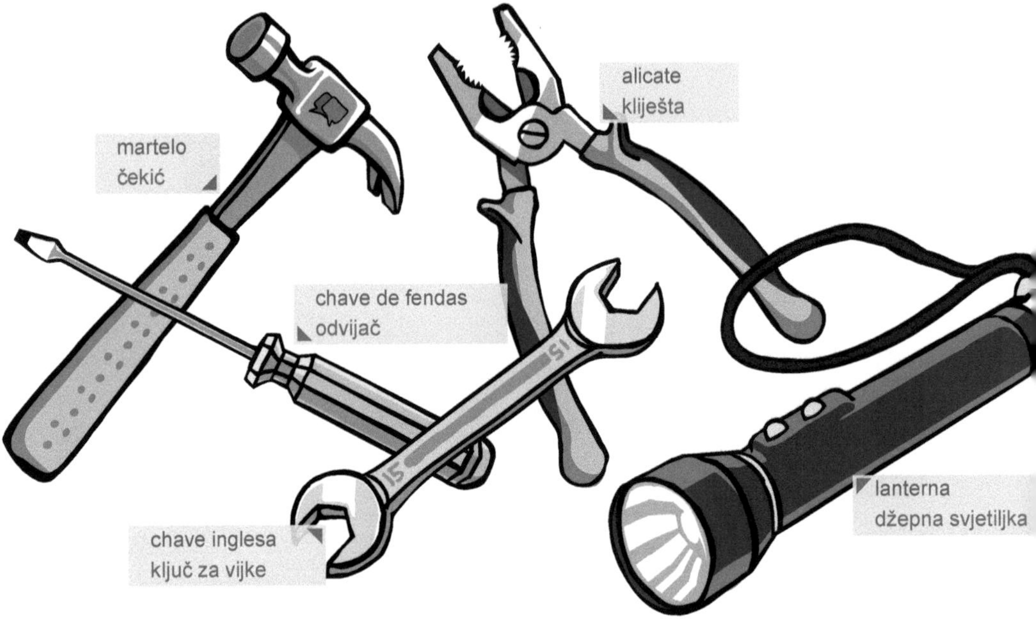

martelo
čekić
alicate
kliješta
chave de fendas
odvijač
lanterna
džepna svjetiljka
chave inglesa
ključ za vijke

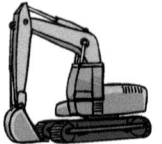

escavadora

rovokopač

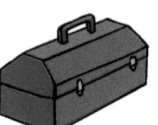

caixa de ferramentas

kutija za alat

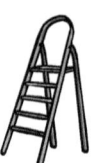

escadote

ljestve

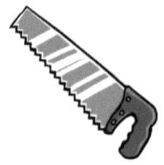

serra

pila

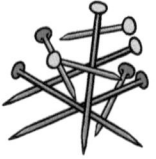

pregos

ekser

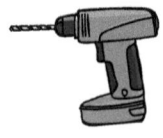

broca

bušilica

reparar
....
popraviti

pá
....
lopata

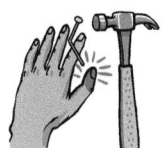

porcaria!
....
Sranje!

pá de lixo
....
lopatica

pote de tinta
....
lonac za boju

parafusos
....
vijci

instrumentos musicais
glazbeni instrument

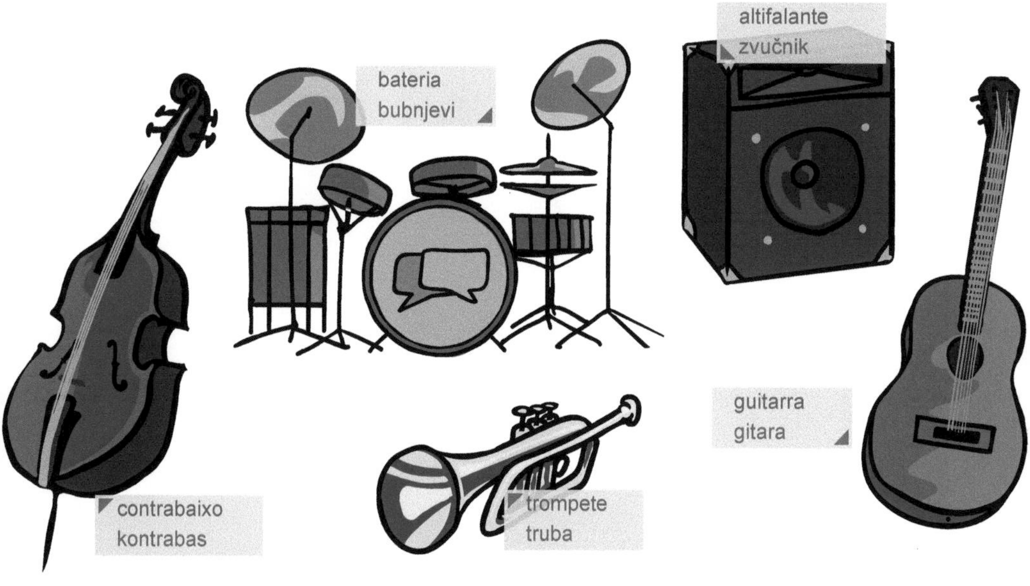

altifalante
zvučnik

bateria
bubnjevi

guitarra
gitara

contrabaixo
kontrabas

trompete
truba

piano
klavir

violino
violina

baixo
bas

timbales
timpani

tambor
udaraljke za bubnjeve

teclado
keyboard

saxofone
saksofon

flauta
flauta

microfone
mikrofon

instrumentos musicais - glazbeni instrument

jardim zoológico
zoološki vrt

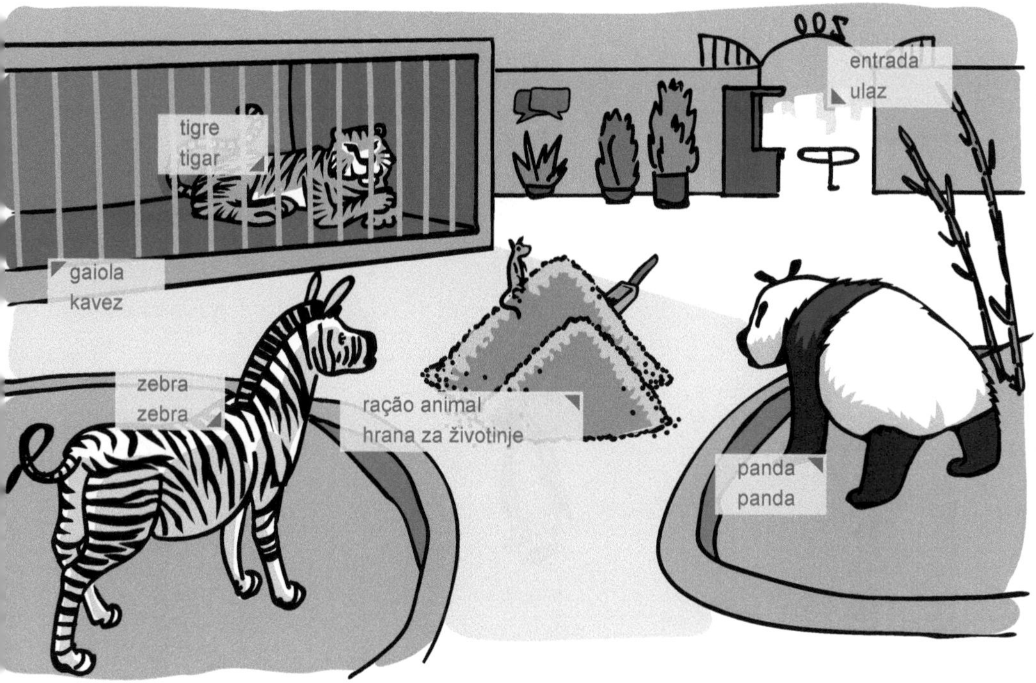
entrada
ulaz
tigre
tigar
gaiola
kavez
zebra
zebra
ração animal
hrana za životinje
panda
panda

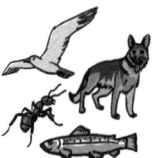

animais
životinje

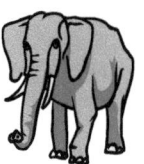

elefante
slon

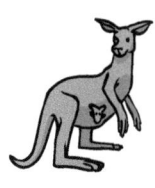

canguru
kengur

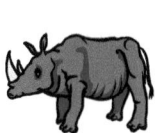

rinoceronte
nosorog

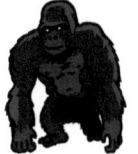

gorila
gorila

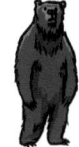

urso
medvjed

camelo

kamila

avestruz

noj

leão

lav

macaco

majmun

flamingo

flamingo

papagaio

papagaj

urso polar

polarni medvjed

pinguim

pingvin

tubarão

ajkula

pavão

paun

cobra

zmija

crocodilo

krokodil

guarda do jardim zoológico

čuvar u zoološkom vrtu

foca

tuljan

jaguar

jaguar

pónei
poni

leopardo
leopard

hipopótamo
nilski konj

girafa
žirafa

águia
orao

javali
divlja svinja

peixe
riba

tartaruga
kornjača

morsa
morž

raposa
lisica

gazela
gazela

futebol americano
američki nogomet

ciclismo
biciklizam

ténis
tenis

basquetebol
košarka

natação
plivanje

boxe
boks

hóquei no gelo
hockey na ledu

futebol
nogomet

badminton
badminton

atletismo
atletika

andebol
rukomet

esqui
skijanje

polo
polo

atividades
aktivnosti

saltar
skočiti
abraçar
zagrliti
rir
smijati se
andar
ići
cantar
pjevati
sonhar
sanjati
rezar
moliti se
beijar
poljubiti

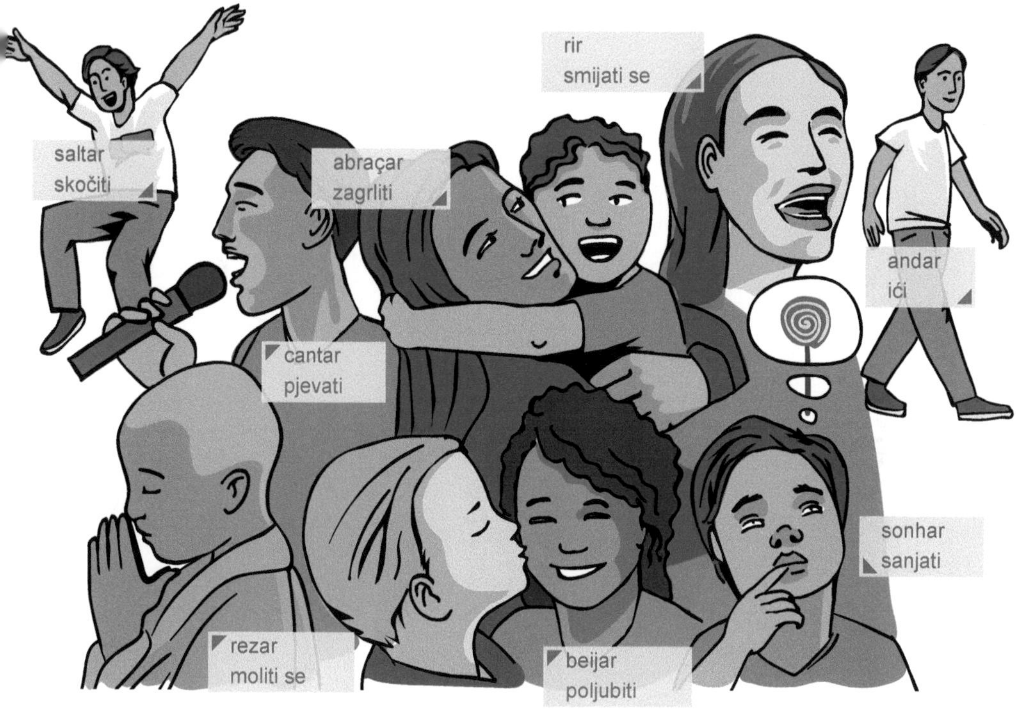

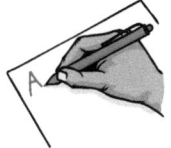

escrever
pisati

desenhar
crtati

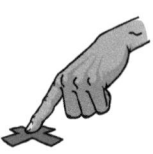

mostrar
pokazati

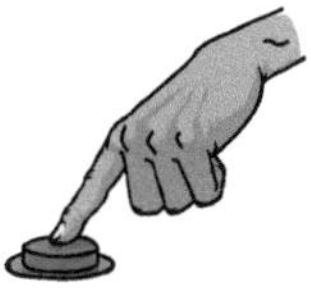

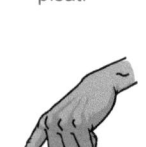

empurrar
gurati

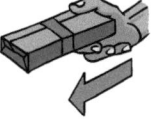

dar
dati

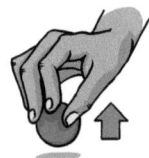

tomar
uzeti

ter
....
imati

fazer
....
činiti

ser
....
biti

ficar de pé
....
stojati

correr
....
trčati

puxar
....
povlačiti

remessar
....
baciti

cair
....
padati

deitar
....
ležati

esperar
....
čekati

carregar
....
nositi

sentar
....
sjediti

vestir
....
oblačiti

dormir
....
spavati

acordar
....
probuditi se

olhar para
....
gledati

chorar
....
plakati

acariciar
....
milovati

pentear
....
češljati

falar
....
govoriti

compreender
....
razumjeti

perguntar
....
pitati

ouvir
....
slušati

beber
....
piti

comer
....
jesti

arrumar
....
pospremiti

amar
....
voljeti

cozinhar
....
kuhati

conduzir
....
voziti

voar
....
letjeti

velejar

ploviti

calcular

računati

ler

čitati

aprender

učiti

trabalhar

raditi

casar

vjenčati se

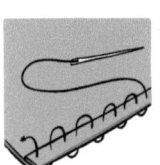

costurar

šiti

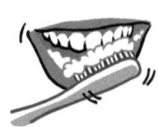

escovar os dentes

prati zube

matar

ubiti

fumar

pušiti

enviar

poslati

família
obitelj

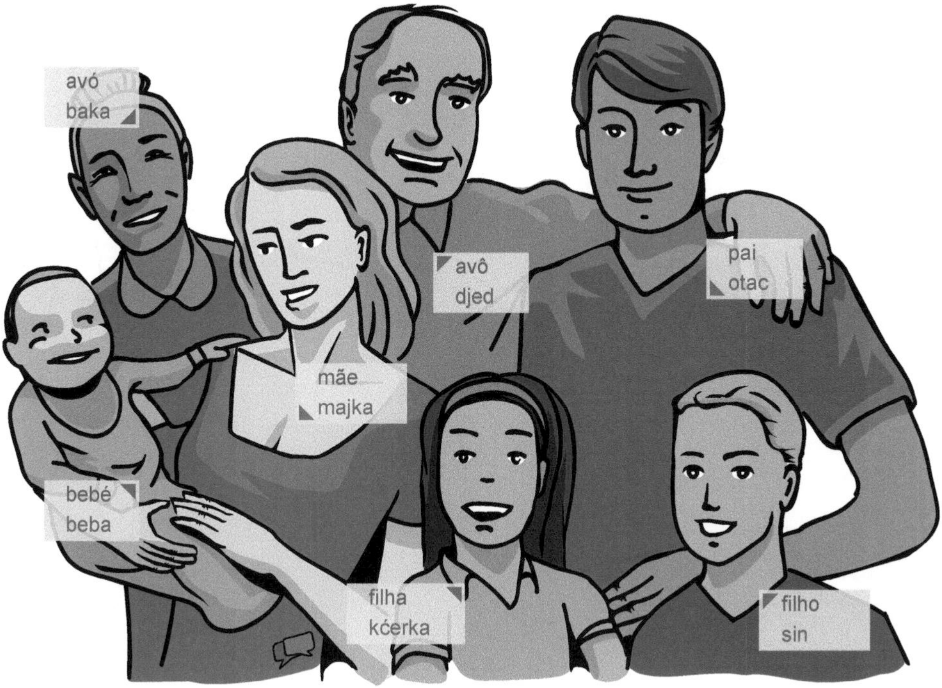

avó
baka
avô
djed
pai
otac
mãe
majka
bebé
beba
filha
kćerka
filho
sin

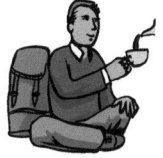

convidado

gost

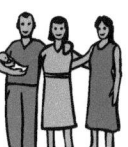

tia

tetka

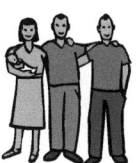

tio

ujak, stric

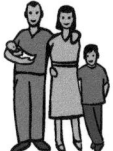

irmão

brat

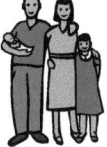

irmã

sestra

corpo

tijelo

testa
čelo
olho
oko
ombro
rame
dedo
prst
cara
lice
queixo
brada
mão
ruka
perna
noga
peito
grudi
braço
ruka

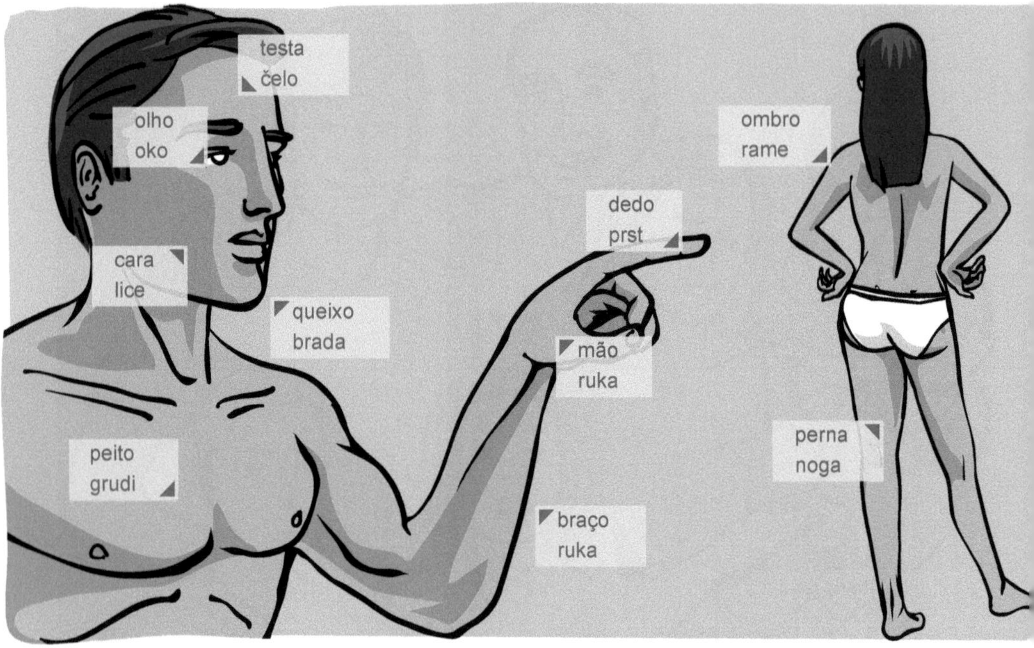

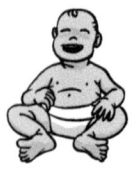

bebé
beba

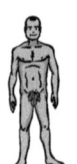

homem
muškarac

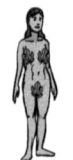

mulher
žena

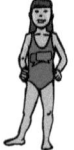

menina
djevojčica

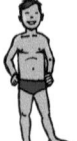

menino
dječak

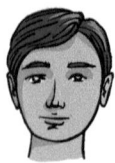

cabeça
glava

costas

leđa

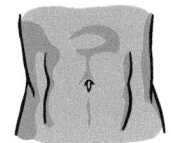

barriga

trbuh

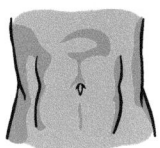

umbigo

pupak

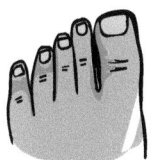

dedo do pé

nožni prst

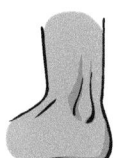

calcanhar

peta

osso

kost

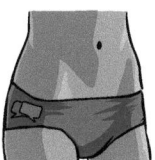

anca

kuk

joelho

koljeno

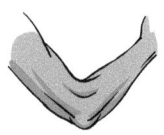

cotovelo

lakat

nariz

nos

nádegas

stražnjica

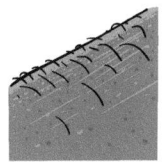

pele

koža

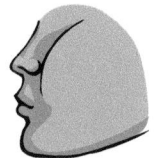

bochecha

obraz

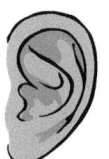

orelha

uho

lábio

usna

corpo - tijelo

boca

usta

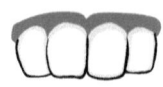

dente

zub

língua

jezik

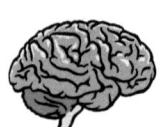

cérebro

mozak

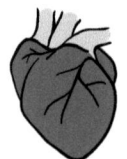

coração

srce

músculo

mišić

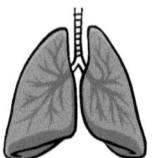

pulmão

pluća

fígado

jetra

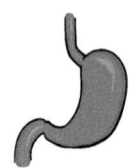

estômago

želudac

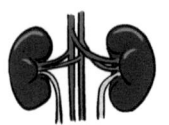

rins

bubrezi

relações sexuais

snošaj

preservativo

kondom

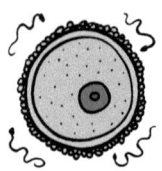

óvulo

jajna stanica

esperma

sperma

gravidez

trudnoća

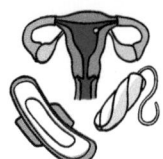

menstruação

menstruacija

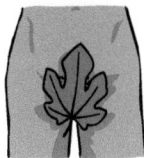

vagina

vagina

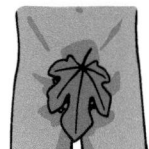

pénis

penis

sobrancelha

obrva

cabelo

kosa

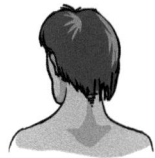

pescoço

vrat

hospital
bolnica

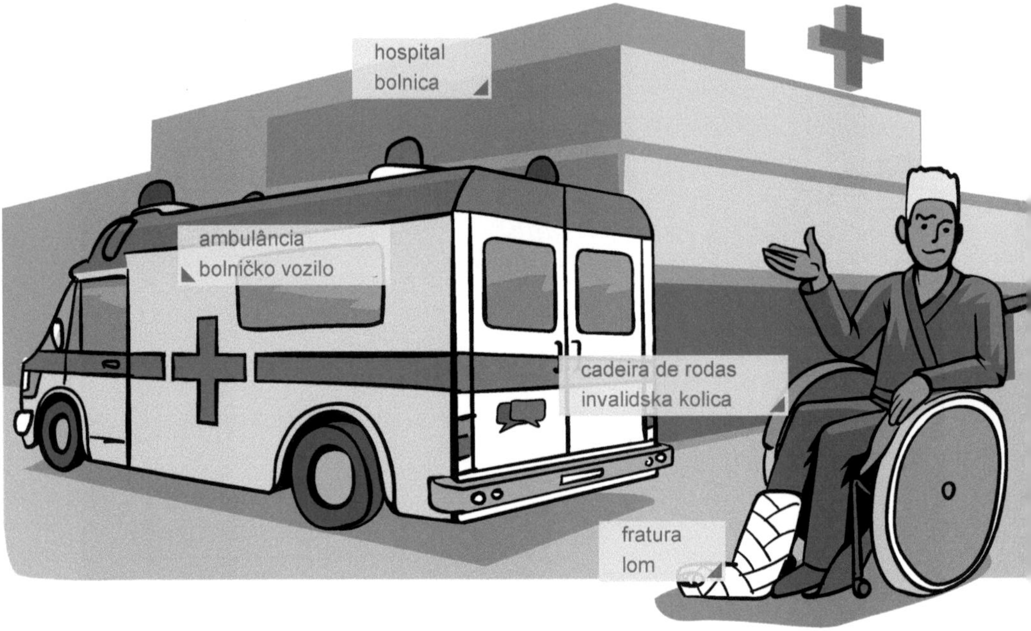

hospital
bolnica
ambulância
bolničko vozilo
cadeira de rodas
invalidska kolica
fratura
lom

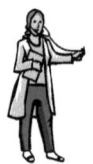

médico

liječnik

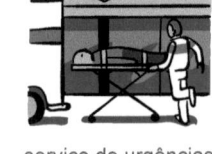

serviço de urgências

hitna medicinska služba

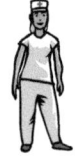

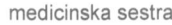

enfermeira

medicinska sestra

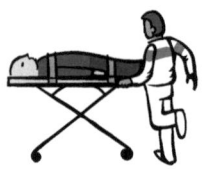

emergência

hitni slučaj

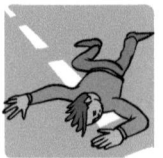

inconsciente

nesvijest

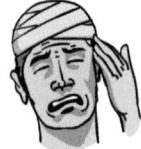

dor

bol

ferimento

ozljeda

hemorragia

krvarenje

ataque cardíaco

srćani infarkt

acidente vascular cerebral

moždani udar

alergia

alergija

tosse

kašalj

febre

groznica

gripe

gripa

diarreia

proljev

dor de cabeça

glavobolja

cancro

rak

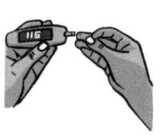

diabetes

dijabetes

cirurgião

kirurg

bisturi

skalpel

operação

operacija

CT
ct

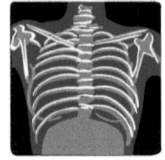

raio x
rentgen

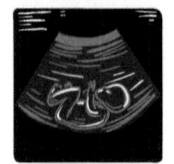

ultrassom
ultrazvuk

máscara
maska

doença
bolest

sala de espera
čekaonica

muleta
štaka

penso rápido
flaster

ligadura
zavoj

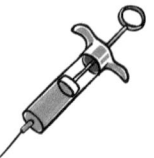

injeção
injekcija

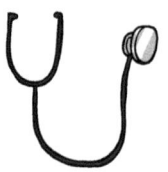

estetoscópio
stetoskop

maca
nosilo

termómetro
termometar

nascimento
rođenje

excesso de peso
prekomjerna težina

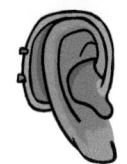

aparelho auditivo

slušni aparat

desinfetante

sredstvo za dezinfekciju

infeção

infekcija

vírus

virus

HIV / SIDA

hiv / sida

medicamento

medicina

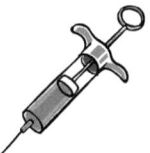

vacinação

vakcinacija

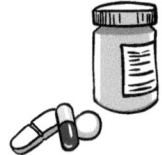

comprimidos

tablete

pílula

pilula

chamada de emergência

poziv u pomoć

dispositivo de medição de
pressão arterial

uređaj za mjerenje tlaka

doente / saudável

bolesno / zdravo

Socorro!

pomoć!

alarme

alarm

assalto

nasrtaj

ataque

napad

perigo

opasnost

saída de emergência

izlaz za nuždu

Fogo!

požar!

extintor de incêndios

vatrogasni aparat

acidente

nezgoda

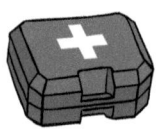

estojo de primeiros socorros

kofer prve pomoći

SOS

sos

polícia

policija

Europa

Europa

América do Norte

sjeverna amerika

América do Sul

južna amerika

África

Afrika

Ásia

Azija

Austrália

Australija

Atlântico

Atlantik

Pacífico

Pacifik

Oceano Índico

ocean

Oceano Antártico

antarktički ocean

Oceano Ártico

arktički ocean

Polo Norte

sjeverni pol

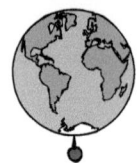

Polo Sul

južni pol

Antártica

Antarktik

terra

zemlja

país

zemlja

mar

more

ilha

otok

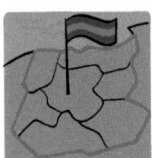

nação

nacija

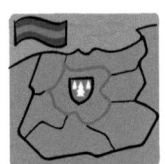

estado

država

mostrador do relógio

brojčanik sata

ponteiro das horas

satna kazaljka

ponteiro dos minutos

minutna kazaljka

ponteiro dos segundos

sekundna kazaljka

Que horas são?

Koliko je sati?

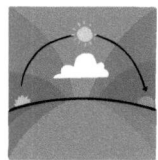

dia

dan

tempo

vrijeme

agora

sada

relógio digital

digitalni sat

minuto

minuta

hora

sat

semana
tjedan

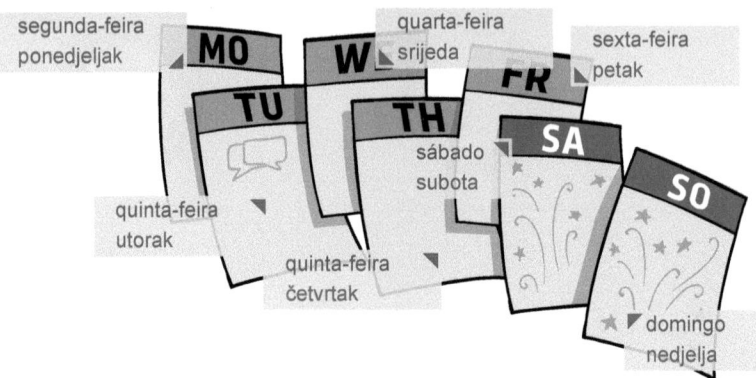

segunda-feira
ponedjeljak

quarta-feira
srijeda

sexta-feira
petak

quinta-feira
utorak

sábado
subota

quinta-feira
četvrtak

domingo
nedjelja

ontem
jučer

hoje
danas

amanhã
sutra

manhã
jutro

meio-dia
podne

entardecer
večer

dias úteis
radni dani

fim de semana
vikend

ano
godina

chuva
kiša
arco-íris
duga
neve
snijeg
vento
vjetar
primavera
proljeće
outono
jesen
verão
ljeto
inverno
zima

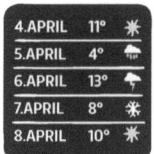

4.APRIL 11°
5.APRIL 4°
6.APRIL 13°
7.APRIL 8°
8.APRIL 10°

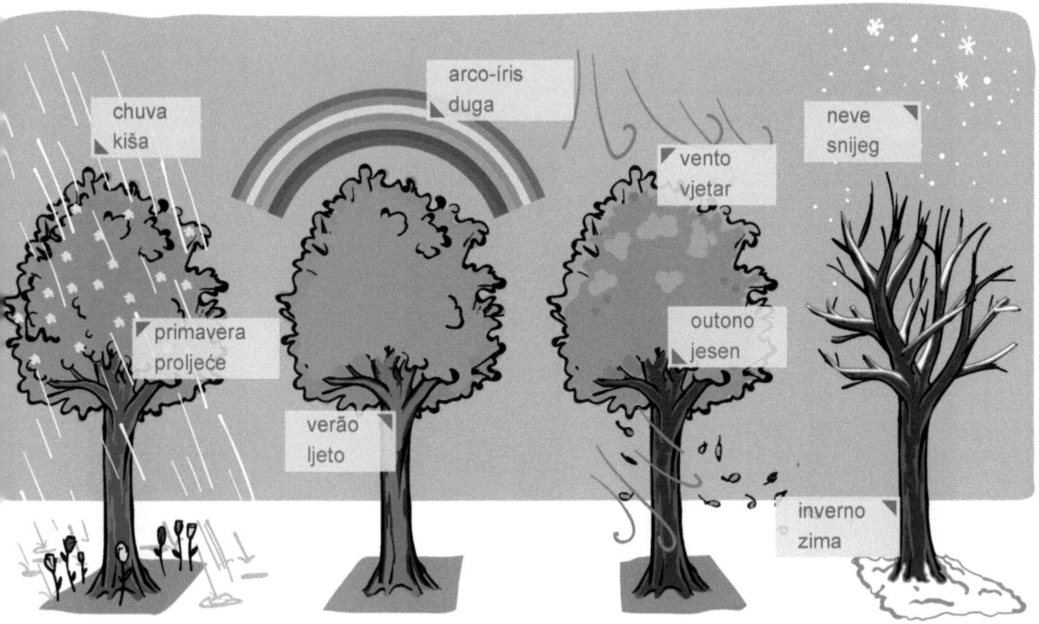

previsão do tempo

meteorološka prognoza

F C
120 90 60 30 0 -30
40 30 20 10 0 -10 -20

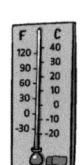

termómetro

termometar

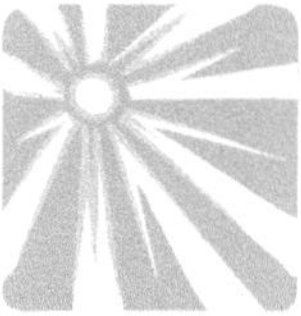

raios de sol

sunčana svjetlost

nuvem

oblak

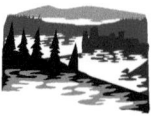

neblina / nevoeiro

magla

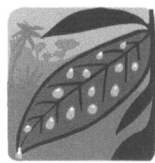

humidade do ar

vlažnost zraka

relâmpago

munja

trovão

grmljavina

tempestade

oluja

granizo

tuča

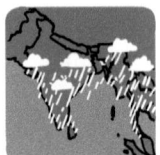

monção

monsun

inundação

poplava

gelo

led

janeiro

siječanj

fevereiro

veljača

março

ožujak

abril

travanj

maio

svibanj

junho

lipanj

julho

srpanj

agosto

kolovoz

ano - godina

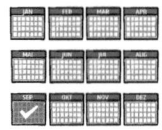

setembro
....
rujan

outubro
....
listopad

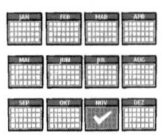

novembro
....
studeni

dezembro
....
prosinac

formas
oblici

círculo
....
krug

quadrado
....
kvadrat

retângulo
....
pravokutnik

triângulo
....
trokut

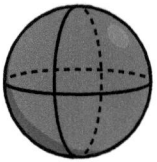

esfera
....
kugla

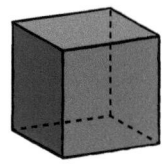

cubo
....
kocka

branco

bijela

amarelo

žuta

laranja

narančasta

rosa

ružičasta

vermelho

crvena

lilás

ljubičasta

azul

plava

verde

zelena

castanho

smeđa

cinzento

siva

preto

crna

muito / pouco

mnogo / malo

furioso / calmo

ljutito / mirno

lindo / feio

lijepo / ružno

princípio / fim

početak / kraj

grande / pequeno

veliko / maleno

claro / escuro

svijetlo / tamno

irmão / irmã

brat / sestra

limpo / sujo

čisto / prljavo

completo / incompleto

potpuno / nepotpuno

dia / noite

dan / noć

morto / vivo

mrtvo / živo

largo / estreito

široko / usko

comestível / não comestível

jestivo / nejestivo

mau / gentil

zlo / dobro

entusiasmado / entediado

uzbuđeno / dosadno

gordo / magro

debelo / mršavo

primeiro / último

na početku / na kraju

amigo / inimigo

prijatelj / neprijatelj

cheio / vazio

puno / prazno

duro / macio

tvrdo / mekano

pesado / leve

teško / lagano

fome / sede

glad / žeđ

doente / saudável

bolesno / zdravo

ilegal / legal

ilegalno / legalno

inteligente / burro

pametno / glupo

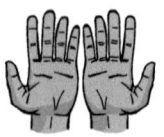

esquerda / direita

lijevo / desno

perto / longe

blizu / daleko

novo / usado
novo / rabljeno

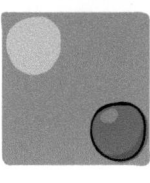

nada / algo
ništa / nešto

velho / jovem
staro / mlado

ligado / desligado
uključeno / isključeno

aberto / fechado
otvoreno / zatvoreno

baixo / alto
tiho / glasno

rico / pobre
bogato / siromašno

certo / errado
točno / pogrešno

áspero / liso
hrapavo / glatko

triste / feliz
tužno / sretno

curto / longo
kratko / dugo

lento / rápido
polako / brzo

molhado / seco
mokro / suho

ameno / fresco
toplo / hladno

guerra / paz
rat / mir

0	**1**	**2**
zero	um	dois
nula	jedan	dva

3	**4**	**5**
três	quatro	cinco
tri	četiri	pet

6	**7**	**8**
seis	sete	oito
šest	sedam	osam

9	**10**	**11**
nove	dez	onze
devet	deset	jedanaest

12

doze

dvanaest

13

treze

trinaest

14

catorze

četrnaest

15

quinze

petnaest

16

dezasseis

šestnaest

17

dezassete

sedamnaest

18

dezoito

osamnaest

19

dezanove

devetnaest

20

vinte

dvadeset

100

cem

stotinu

1.000

mil

tisuću

1.000.000

milhão

milijun

inglês

engleski

inglês americano

americko engleski

chinês mandarim

kinesko mandarinski

hindi

hindi

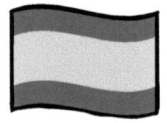

espanhol

španjolski

francês

francuski

árabe

arapski

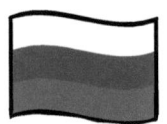

russo

ruski

português

portugalski

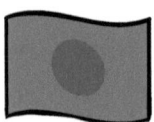

bengalês

bengalski

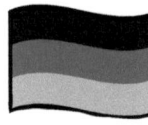

alemão

njemacki

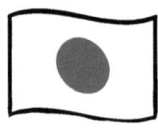

japonês

japanski

eu

ja

tu

ti

ele / ela

on / ona / ono

nós

mi

vós

vi

eles / elas

oni

quem?

tko?

o quê?

što?

como?

kako?

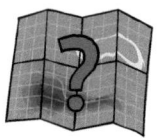

onde?

gdje?

quando?

kada?

nome

ime

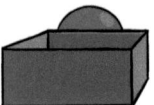

atrás

iza

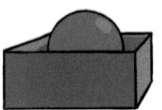

em

u

à frente de

ispred

sobre

preko

em cima

na

debaixo

ispod

ao lado

pored

entre

između

lugar

mjesto